JN439939

봄

봄

김선아 제5시집

세종출판사

시인의 말

줄여야지 하면서
무슨 할 말이 이리도 많았던가.

긴장이 풀릴 때마다 안주하지 않으려고
무던히도 애쓴 흔적이
다섯 권째 시집으로 나타나고 있다.

발로 쓴 내용보다
마음으로 쓴 내용이 더 많은 것 같아
품을 내어주는 노력도 해야겠다.

계속 손잡아 주시는 정영자 교수님
묵묵히 지원해 주는 가족이 함께하여
따뜻하다.

2022년 6월

김선아

| 서문 |

김선아 시인의 다섯 권째 시집 『봄』을 읽으며

정영자 | 문학평론가, 한국문인협회 고문

자다가 문득
"미안하다"

허리 때문에 침을 맞고
지압을 받고
아픈 이 때문에 치과를 가는,
허물어져 가는 시간 속에
함께 해주어
"미안하다, 참 미안하다",

새벽에 일어나
비 오시는 길 위에
아직도 떨어지고 있을
"미안하다"를 줍고 있다.
(2018. 10. 6)

— 정영자의 시 「미안하다」 전문

위 시의 주인공 김선아 시인이 다섯 권째의 시집을 낸다고 한다. 시집 해설을 부탁하였지만 이제 해설을 덧붙일 필요가 없을 것 같다. 문학보다 먼저 인간의 기본을 가지고 사람과 이웃에 대한 사랑과 배려가 시로 익어가야 한다면 김선아 시인은 그 앞줄에 있는 시인이다. 그의 시는 맑고 투명하며 순수 무구한 공간과 시간을 형상화하고 있다.

그의 시는 신선하고 경건하다. 그리고 항상 저만치 사유하는 여유가 있어 좋다. 그리고 내밀한 평화와 지금 이 시간의 행복에 대하여 잔잔한 물살 하나 띄우고 있다.

잘 익어가면서도 더욱 맑아지는 그의 시는 내공의 시학이다. 아마도 그는 어릴 때부터 어른 한 분을 품은 어른 같은 아이였으리라.

꽃다운 시절 다 흐느적거리며 흔들리다가
흔한 바람조차 초라하게 웃고 가는 한 모퉁이에
수없이 피고 졌을 저 작은 꽃들이
눈물을 받아들이며 환하게 웃고 있네

— 김선아의 시 「봄」에서

그는 천상 서정시인이다. 군더더기 없이 맑고 간결하게 압축된 시는 잔잔한 공감을 주는 따뜻하고 참한 시가 된다. 그러나 그 내공은 매우 단단하다. 신선하고 경건하다. 시의 연륜이 쌓일수록 이와 같은 특성은 그대로 유지되면서 더 깊고 넓게 시의 영역을 넓혀 갔고, 곳곳을 다니며 발

끝에서 꽃피는 시의 현장을 소중하게 경험하고 있다.

무덤덤한 것에 렌즈를 펼쳐 들고
돌아보세요 하고 말을 걸었더니
신기하게도 새는 서운암 공작새는
주름투성이 발가락을 콕콕 찍으며
꽁지를 돌리기 시작했다 물소리가 들렸다

오월의 향기가 쏟아지는 햇살
이팝나무 아래 붓꽃 작약 마가렛
연못 속 자라도 햇살과 그늘을 휘휘 저으며
육십 숫자 청춘을 홀쭉하게 녹였다

풀물을 넘어가는 바람의 날개 끝에 구름이 와 닿았다
흩어지는 휘파람을 쓸어안으면
가는 줄도 모르고 놓친 시선에도
겨우 알아차린 냉기의 계절이 살그머니 돌아서려나

연둣빛 사리를 삼켰는지
나긋나긋 부풀기를 쏟아내는 연한 꽃말들
색색깔 이름이 헤엄치는 천연 물질에서는
한 벌 뿐인 내 마음의 한지장에도 감물이 든다.

— 김선아의 시 「엿보기」 전문

우리는 부지런히 통도사 서운암을 10년 넘게 다녔다. 거의 일주일이 멀다 하지 않고 서운암의 곳곳을 몇 시간이고 즐겁게 거닐었다. 숲길과 연못과 오솔길과 언덕과 물소리와 공작새와 산새들과 영축산 독수리바위 봉우리와 산자락과 거기에 걸쳐진 흰구름과 때로는 영롱한 무지개를 만나면서 찬탄과 합장을 거듭하였다.

어느 날 공작새와 말을 건네면서 그들이 우리들의 언어를 알아듣는다는데 놀라움을 가졌다. 공손히 말을 건네며, 그들의 고고한 품격에, 인간이 배워 온 언어라는 단어에 절망했다. 그들은 이미 말 없음의 말을 헤아려 사람을 받아들이는 기상천외의 해독법을 알고 있었다. 그 무서운 감각의 현장을 김선아 시인은 「엿보기」에서 한 폭의 풍경화처럼 시어를 그림으로 표현하고 있다. 언어 이전에 풍경이 있다는 가장 원시적인 감동이 파동처럼 물살 진다.

그녀의 시업이 항상 봄처럼 꽃피고 향기롭기를 바라며 시집 일독을 추천하고자 한다.

2022. 6.

차례

1부

2부

3부

4부

1부

이팝나무

나도
네게
한 끼 공양 될 수 있을까

자취 없이 흐르는 허기 앞에서
젖은 허리 절뚝이는 실눈 앞에서
농지 길 따라 꼬르륵 배곯을 때마다
이밥 손짓하듯 흔들었다

한 잎 두 잎 꽃무덤마저
너는 가득한 고봉
꽃잎 크면 클수록 배고픔 몰아가는
보릿고개 시절 다시 오지 않아도

사라지지 말아라
눈부신 그대.

무명

가는 순서대로 나열된
고승 넋 장엄한 통도사 부도전에
승호도 승적도 없는 단 두 한자 無名

이름이 없어 무명인지
유지를 그대로 받들어서인지
그 언덕에서 열반했는지

이유 없는 이유를 화두로 남긴
무명 면전에 합장 숙여
물드는 색깔 그 무엇은 잠시

이름 한 줄 남기겠다고
사진 찍고 메모하는
확답만 신뢰하고 되돌리는 몸짓을 향하여

비어서 숙연한 맨살의 석비시여
무엇으로 남겨 설하시는지
소리 없는 발소리 허술한 내 소리를 듣네.

능소화

꽃 지는 길에도 지름길이 있는가
푸름이 질 즈음
그래도 우리가 만나는 시절이 있다면
우리를 달래주는 언저리가 있다면

담장 안에서
담장 밖에서
목을 길게 드리우는 까치발이 있다

전생 거울처럼 동공에 박힌 계절
어디쯤 오는지 돌아보는지
제 몫의 목줄 골똘히 젖고 있다.

부처꽃

무슨 인연이 깊어
공양간 앞에 줄을 길게 서서
오색나물밥을 받아 나오는데

울퉁불퉁한 바위 위에도 해우소 앞에서도
나무에 등을 기대고 또는 이마를 맞대어
양푼이밥을 먹는 산천초목
옷에도 얼굴에도 꽃빛을 수놓으며
웃음을 주고 떠나고 받는데

누가 붙여 놓았나
눈이 찌그러지고 코가 비틀어지고
입도 비뚤어진 투박한 돌부처
얼굴에 파인 작은 구멍마다
하얀 밥알 송송 박고 있는 아이

동자승이 따로 있나
제 밥그릇 밥알 덜어
돌부처에게도 밥 주는 아이가 부처지

바람이 밥알 떼어 가는 줄도 모르고
붙이는 아이나
받는 부처나
꽃밥 먹는 산천초목이나

이뭣꼬
옳다 옳구나
이 밥도 저 밥도
밥마다 부처꽃 피우고 있다.

달맞이꽃

햇살도 바람도 물주는 이도 없는데
석양이 질 때면 스스로 돌아와
노랗게 흔들리는 몸짓
고향으로 돌아누운 밤이면 명치끝 소리 듣는다

푸른 뜻을 씹으며 이 산 저 산 총알받이 다니던
포탄 속에서 돌아오지 못한 꽃들
밤이 또 쌓였다
딱 한 마디
말리지 못한 그 모습 그 병영 그 군번
동무를 데리고 가라던 당부만 사망 통지서로 돌아왔다
지나간 일을 더듬다가 차가운 밤이 지나갔다

작은집 큰아이가 양자로 들어오던
네 살배기 종손은 마을에서 마을로
장돌림 장 돌 듯 몸부림도 치고 용틀임도 치면서
곡예사 외줄 타듯 쐐기를 박고 놀았다
해가 진 저녁에도 달맞이꽃이 기력을 발휘하듯
싹수는 어릴 때부터 열 손가락 자라듯 빨랐다

입학도 하기 전 천자문을 떼더니
금의환향한 그를 마을 사람들은
저 집 장남이 돌아왔다고 솟대를 올렸다
양부 대신 친부가 융통해 온 학자금을
종손은 대신 갚았다.

테두리

자목련 뿌리가 노출된 거리에
출근 시간보다 먼저 출근한 가장이 일당 하고 있다
진입금지 노란 테이프 안에서
굴착 어수선한 땅 밑에서
꼬박꼬박 통장으로 들어갈 더운 바람은 지상에 둔 채
공평하지 않은 바닥을 갈고 있다

땅속 사정을 모르고 선회하는 포클레인
착지점을 찾지 못해 굉음이 길어진다
땅 위 내용을 모르는 사정도 매한가지
오수가 뒤섞인 지하 음지에서
알아들을 수 없는 소리로 방향을 지휘하는
고무장화 질퍽하다

모른 척 비껴가는 팔월 동공이나
꾀부리면 무너질 기록판 한 모퉁이나
서로가 믿어야 살고
무너지면 가족을 잃는
열 손가락이 있어도 쥘 손목이 없는 주먹

사막의 끝이 땅속에 있고
하루의 끝이 금지구역 밖에 있다면
오늘이 내일인 듯 그날이 그날
부름이 있다면 그날은 땡잡은 날
테두리 안과 밖이다.

숨

코로나19 팬데믹에 오랜만에 산에 올랐는데
젊음도 유수도 잊고 방랑도 부렸었는데
미세먼지 총력 속에서도 파란 꿈 하나쯤 눈에 반짝였었는데

빨간 꽃 하얀 꽃 지천인 뒷동산에 올라서도 오히려
돌아오라 메아리 받아칠 수 없네
그도 너도 비슷한 얼굴을 하고서는
움츠린 막말 한 군데 찔러 몰래 벗어보는 하얀 마스크

기억 속으로 천 년쯤 허기진 접속이 한참이나 자라
면회 금지 어머니가 어른거리고 오랫동안 못 본 아들도 떠오르는
죄짓는 사이 죄인 줄도 모르고 생바람 생물 적시는 사이
푸드덕 핏대 서리는 꽃 곰팡내꽃
긴 발톱으로 생벽을 긁어대는 꽃 파란 폐꽃.

녹두죽

맛있는 음식을 먹으면
꼭 어머니가 생각이 나는데
부평동 부평시장 죽집 골목에서
녹두죽을 먹으며 녹두장군이 생각났다

죽을 쑤어본 적이 없는 막내며느리를 위하여
호박죽 녹두죽 깨죽 잣죽 팥죽 죽 죽
통 크게 끓여 큰아들네 사돈네
푹푹 나누어 주시던 어머니

녹두장군처럼 기운을 내실까
포장해 나르던 녹두죽
죽 끓듯 끓는 근심 잠재워 주시던
지금은 가고 없는 어머니 녹두죽.

꿈에

익숙한 등이 돌아앉아 있네 흰 등
번뇌와 갈등 까마득히 가라앉은 은회색 꿈속의 등

아무 소리 없이 한 줌 흔들림 없이
육신의 의무 다 마친 듯
불러도 불리지 않고
잡으려도 잡히지 않는
한 팔 저만치 둔덕처럼 둥그스름 돌아앉은 등

캄캄하게 등 진 저 적막은
소처럼 허허 웃고 할 말 다 하는
꿈 밖에서는 못 본 본모습이네
꿈에서도 꿈인 줄 아는 꿈처럼
작별인 줄 알고 작별하는 늙은 개의 눈물처럼

무형으로 적멸하는 가부좌
꿈속 모습이나 꿈 밖 모습이나
사유하는 성도자는 침묵마저 거룩하다.

꽃철

봄에 끼워 둔 겹왕벚꽃잎
글 씨앗이 환했다

땡볕은 또 어땠고
더운 바람도 마다하지 않았다 거풍은

공휴일 한 자 없는 가엾은 달
삭은 낮달마저 기러기로 지고 나면

추억은 발밑이라 했을까
어제 본 하늘이여 허공이여

오는 것은 가는 것
꽉 찬 압화 첫눈으로 박혔다.

황금부추전

이게 잔판가요 부춘가요
부춘데 중국에서 왔는지 우리 건지

똑 닮았는데 안 매우니 부춘갑네요
네모인지 동그라미인지
긴가민가할 때가 있지

채 썬 전복인지 하얀 부추 머리인지
요술램프 같은 두레상을 천천히 돌리며
고명 화려한 황금부추전을 입에 넣으면
기름기 조심하라던 의사 당부도
번들거리는 전과 함께 쑥 넘어간다

겨울 한 철이 제철이라는 황금부추
철 지나면 일 년을 기다려야 본다는
잔파 같고 부추 같은
파라다이스호텔 중국집 남풍 특급 요리

맛보다 값에 놀라는
황금부추전을 두고
황금 부처가 도드라져
주책없이 부추부처가 되는 한 낮.

그곳에 가면 그 사람이 생각난다

어느 날 문득 모닥불처럼 피어나는
그러나 이제 사라지고 없는 그곳에서
생의 정류장처럼 머물 때가 있다

나무 기둥과 나무 천장에는
백열등 알전구가 매달려 있고
나무 탁자와 나무 의자
울퉁불퉁한 진흙 바닥 구석에는
언제나 뚜껑이 열려 있는 피아노
어디론가 사라졌다가 다시 제자리로 와 있는
여섯 쇠줄 통기타

동동주와 파전을 안주하며
밥 딜런을 부르고 존 바에즈에 심취하고
겨울이면 난로 앞에서 뜨거운 장작을 밀어 넣던
이십 대 푸른 청춘과 사십 대 초록이
더운 바람 되어 불어오는 곳

숭례문이 불에 무너지던 밤 동지처럼 불살라졌던
하단 강나루는 화창한 봄날의 아지랑이처럼
꿈 같은 옛사랑의 이름만 남기고 재가 되었다

저녁노을처럼 노년을 붉게 삭이고 있을
그때 그 사람들 친구들 이제
똑같은 장작을 하나씩 가슴에 꽂고
어디서 무엇으로 과거를 극복하고 있나.

해의 길

어머니의 목소리에는 길이 있어서
밥 먹어
하는 소리가 들리면 어김없이 내 귀는
목소리를 향하여 귓속을 갖다 대었다
귓속에도 길이 있어
길 따라 같이 놀던 해도 함께 뛰었다

어머니가 열어 놓은 철 대문을 밀면
마당 가득 풍기는 밥 냄새
콧속을 지나 목청에서도 단물은 길을 냈다
멈칫멈칫하던 해도
그림자를 풀고 밥상에 앉았다

수저를 든 입김이 연기처럼 피어오르는
밥상에서도 어머니는
해의 길로 인도하시며 많이 먹어
많이 먹어 하셨다

이제 내 청력의 무게를 줄일 줄도 알게 된 나는
식사하세요 아버님하고 익살을 떨면

에헤이 어르신 어르신 하며 신문을 접는 남편
멈칫멈칫하던 그 해처럼 그림자를 풀며
미소처럼 한가득 밥을 먹는다
이젠 남편이 해의 길이 되었다.

꽃이 부풀 때

무슨 할 말이 많아 저리도 부풀었나
들마다 산마다 왕겹벚꽃
입은 다 하지 못한 말을 물고 산다

나뭇가지를 뚫고 나온 저 꽃처럼
온몸을 뚫고 나오는 꽃이 있다면
고백하지 않아도 된다

말로 표현할 수 없고
뚫고 나올 구조가 달라서
속에서만 핀다

속에서 들끓어 열꽃이 핀다
왕겹벚꽃이 펑펑 부풀 때
속에서는 속앓이가 차서
몸이 아프다.

시민공원

사람들이 그늘에 앉아 있네요
또는 누워서 책을 읽고 있습니다
나는 나무입니다 걸어 다니는 팔다리나무
뜨거운 햇살을 그대로 받아 마시는 호흡입니다

흔들리는 그대는 바람인가요
멀리 가는 나는 그대의 시선
나는 태양입니다 일광욕나무
그대는 바람

아이들은 웃음소리
어른들은 아이스커피
벤치는 추억의 정류장
차양막은 이십일세기 우주
잔디는 막사의 기억을 잊었습니다

내년이면 입주하는 아파트 올라간다고
알려 주네요 동생이 제부가 조카가
서울 동생이 철수한 미군을 닮아서 설레지만
구별 없이 탈바꿈한 우리는 이제 열 살
부산 시민공원입니다.

설총

낭산 팔부능선에서도
하산해서도
도로변에서도
손칼국수 순두부 맛집 앞에서도
왕릉이며 삼릉이며 석탑 사지까지
경주는 서라벌의 옷을 입고
지금도 널리 알리는 중

아버지를 아버지라 부르지 못하고
아버지 따라 승복을 입었으나
그마저 누리지 못한 문장가 설총
시골길 같은 좁은 골목 어귀에
기록 한 줄 없이
문간채 같은 작은 고분으로
비좁게 사투 중이다

한 움큼 꽃조개 보다 작은 사람들이
작은 섬 같은 묘 앞에서
작으므로 동화된 감상에 젖어
위로하고 위로받는 날
도시는 경주에 깨어 있고
외지인은 서라벌로 깨어 있다.

요산 묘비에서

눈동자를 부풀리며 꼬리를 마는 고양이와
햇살이 찰랑거리는 사람 사이로 무심한 봉분이 지나간다

의식을 치루듯 한 잔씩 돌리며
모래톱 이야기에 키를 맞추는 하늘이 높아만 보인다

못다 한 발자국을 꽂아 둔 국화와
허공에 띄운 고수레에 혼잣말 실어 보태는 하소서 주소서

남겨진 이야기와 문학관 개관 축하는 목마른 뜻
햇살만 환한 묘원에 하얗게 뜬 낮달도 켕기는가 돌아가는 길.

2부

향일암 일출

수평선 너머에도 있고
일몰을 맞는 뒷산 너머에도 있다

나만 아는 내 안에도 있고
내 앞에 없는 너 안에도 있다

바다 물결은 불춤을 춘다
물이 불기둥을 촛불처럼 키우는 불바다

너도나도 머리 숙여 합장하는
사람 고백 숭고하게 인지하는 자애의 화신

해도 부처도
서로 합장 하는 경배의 시간.

마스크꽃

고층 베란다에 흰 마스크꽃 걸렸다
두둥실 떠내려가는 조각구름

어느 흰 손길이 출렁이다 갔는가
눈으로 대신 하는 하고 싶은 말

꾹꾹 쟁여 넣고
능청스레 햇볕 받는 KF94

입은 막고 폐는 슬펐던
무수함 가다듬고

미안하다 미련 없이 떠나보내는
군말도 배운다.

산안개

허공을 꽉 채운 능선을 가리고 새벽안개 피고 있다
새로운 색을 지닌 새벽 산 사이로
뭉쳤다 흩어지다 무성하게 허공을 씻는 안개

저 푸른 숲보다 짙은 고통을 모르고서야
산꼭대기에 꽂혀 있는 허공의 마음을 어찌 알겠는가

노송에 기대어 몇 마리 새처럼 떠나고 싶을 때
답을 얻으러 산길을 재촉할 때
산은 필요한 만큼 되돌아가는 법을 주었다

저 안개는 어떤 상심이 뭉쳤다가 산산이 흩어지는가
흔들리듯 제 몸을 내어주고서야
바랠 것도 쉴 것도 없다는 흐름

산안개 자욱한 앞산에 작은 산으로 마주 앉아
빈 가슴으로 돌아가는 넉넉한 아침이다.

고드름폭포

어딘가에 갇혀 버리고 싶다면
누구도 깰 수 없는 얼음 동굴에 갇혀 보시라
꽝꽝 얼어 변하지 않는 푸른 빛 정신이라면
얼음벽에 박혀 일시 정지라도 좋으리

찾지 못하고 빠져나올 수 없는 첩첩 얼음짝
앙칼진 바람도 마음의 원형도 모두 얼어붙고
동적인 소리는 고드름폭포 심장의 울림뿐

누군가 마음의 난간을 빗질하여
건반을 치려 한다면
은밀한 구속
냉정하고 날카로운 빙폭

그 안에 들어 보시라
귀 막고 눈 감고 입 닫고 포박당한 채
떠나가고 다가오는 것에 연연하지 않는
하루쯤 냉정한 구속.

마하사 설화

동지 팥죽이 묻어 있다는 나한전 입술
아랫마을 갓직이 집에서 얻어 왔다는 불씨라는 입술
요리조리 아무리 살펴보아도 붉은 점이 아닌 저 입술은
천년고찰 마하사 설화를 극화한 빨간 색칠한 입술

빨간 부적을 거짓말처럼 쥐어짜서 찍어 놓았다는 입술마다
하하 호호 취향대로 웃고 있다
동지 팥죽 불씨를 얻으러 갔다는 공양주 심성이
저 입술 같아서 그 팥죽 한 그릇 맛보고도 싶어

몰래 불씨를 얻어 왔다는 화신 동자가
이 나한인가 저 나한인가 헤아려본
호기심에 새빨갛게 취해
너도 한 나도 동지 놀이하고 있더라.

대추나무

감나무를 잘라라 했더니
대추나무도 베여 나갔다

향기 좋다는 아카시아꿀 한 통 들여놓는
한가윗날
푸른 잎 사이로 통통하게 살이 오른 대추
하얀 수건으로 동글동글 닦아
제기에 둥그렇게 올리던 팔월

사골도 고고 야생초도 달이던 어머니 곰솥에
땡볕 받고 비바람 맞아가며 삭임질 하던 한 생이
칼날 같은 도끼 한 자루로
울면 돌아올 것 같은 아버지 따라
싹둑 잘려 나갔다

푸른 하늘을 아람으로 내어주던
기타 치고 서예하고 일본 소설 대망 전집을 읽던
아버지의 마지막이 채 마르기도 전
저마다 다른 악기로 바라보던 형제는
세상의 모든 대추나무에 부고를 날렸다

아버지가 좋아한 땅은
한 움큼 더 웃을 수 없는 정원으로 남았고
아버지에게 가는 하늘은
없어진 키만큼 높아졌다

전통찻집에서
대추차 한 사발 마시고 입 싹 닦는 날에는
벽지에 붙은 모란도 대나무도 나무피리도
쓴 향기 한 다발 환하게 켰다

마지막 소원

별똥별이 떨어질 때
소원을 빌면 들어준다고 했지
무얼 빌까 생각하는 사이
사라졌다 그렇게 빨리

매번 놓치고 나서는
미리 생각해 두기로 했다
자주 보지도 못하는 별똥별
하나만 빌기엔 아깝고 억울해

시험 잘 보게 해주세요
내일 소풍 갈 때 비 안 오게 해주세요
해수욕장 또 가게 해주세요
방학이 한 달 더 있게 해주세요
내일은 꼭 별똥별 보게 해주세요

너무 많아서 고르다 다 놓칠 것 같았다
놓치다 놓치다가
빌지 않아도 기다리지 않아도
엄마가 되고 내력이 되었다

어느 소원 하나 떨어지나
미련 없이 지나
떨어질 땐 저렇게 떨어져야지
기쁨과 슬픔 사랑과 미움
생각하는 사이

순식간에 떨어졌으면
그렇게 갔으면
그 하나가 소원이 되었다
별똥별처럼 잘 떨어지는 소원
마지막 소원이 되었다.

재활

좁은 골목으로 바람이 세차게 밀어붙일 때
빈 주머니인 줄 알면서 뒤질 때
실직 가출 노숙
끝이 없는 듯 끝에도 바닥은 있다

바닥이 있다는 것은
바닥 위에 있다는 것
바닥 위에 있다는 것은
일어설 수도 있다는 것

지팡이를 짚고 더듬더듬 걷던 가장이
두 겨울을 넘기며
아내의 부축을 받던 손에
음식물 찌꺼기 봉지를 들고나왔다

따뜻한 봄날 지팡이마저 놓고
따박따박 외출 나온 그의 길
새하얀 운동화에
그의 눈물 아내의 눈물이 보였다

물고기가 눈을 뜨고 자듯이
와불이 귀를 대고 땅의 소리를 듣듯이
자신의 소리에 귀를 기울이는 일
허리를 숙여 절을 하고 싶었던 소인은
여전히 부끄러웠다.

윷놀이

큰 달 작은 달 한바탕 보름달이
충실했던 하루 모아 하늘로 별꽃 피운다

해바라기 마음 산바라기 마음 다시 필 마음 겨누어
누구의 윷판으로 떨어질까
스스로 꽃빰 피우는 얼굴들

어디론가 흩어지고
다시 가고 돌아오는 전부 모아
한 점 흐름까지 흔든 윷 높이 쏟아지는 웃음꽃

먼동이 학처럼 피어도
긴 나무토막 하나로 한통속 되는 날
어쩌면 오래오래 우리는
내일을 모르는 아이가 되고 싶었다.

귀뚜라미

저 우는 울음 속에
함께 우는 울음 있어

눈 뜬 이 있으면 눈 뜬 이로 덮고
추억이 내리면 추억으로 덮고

길게 벽을 타고 올라오는 간절함 속에
함께 부르짖는 존재

밤은 커질 대로 커져
기도하듯 시를 쓴다.

소리풍경

경내에서 출토된 기와탑만 보이는 것이 아니다
세월호 노란 리본으로 쌓은 기도단만 보이는 게 아니다
철제불상의 잘린 손목을 그대로 내보인 약사전 유리곽
주불전 앞 동탑 서탑
우람한 나뭇가지에 그넷줄만 길게 보이는 것은 더더욱 아니다
스피커에서 들려오는 수많은 개구리 소리 숲 소리 실개천 소리
비닐하우스 떠는소리 해탈교 소리를 녹음한
자연의 소리 소리풍경
지리산 실상사 변소화랑에는
실체도 없고 그림자도 없는 만 색 생명의 소리가
얄팍해진 귓불을 복구하고 있다.

통도사 봉발탑

꽃도 바치고 이지러진 조각도 바치고
선봉의 물질 옮기듯 돌고 돌다 보니
도는 보궁으로 방향 잡은
부처님 밥그릇 보이네

도는 나도 사람이고
부처님도 사람이셨으니
저 뚜껑을 열면
구원은 거기에 있을까

한결같이 사람들은 탑이라 그러고
탑인 줄도 모르고 지나가고
그러거나 말거나
사계의 무사함도 저 뚜껑 안에 다 들어 있을 걸

그곳은 쉽지 않아서
못 먹은 밥알의 작은 몽돌 같아서
함부로 무심하지 말아라
심중에 눈 트이는 경전의 말씀 첫밥처럼 들린다.

통도사 호압석

호랑이 발바닥이라고 들어서 발목이 아프다
처자 생가슴이라고 들어서 심장이 멎는다

정도를 벗어나면 고통이라고 배웠다
집착에서 벗어나지 않으면 슬퍼진다고 배웠다

수행하는 신앙에
호소하는 불덩이를

학승은 모르는 체하지 않았어야 했을까
보시는 어디까지인가 무량수불인가

붉은 저 반석 가슴에 얹으면 근심 가라앉을까
극락보전에서 물어보는 오체투지

그곳에는 오직 빙긋이 웃으시는 전설이
실화처럼 아직 멀었느니라 한다.

우주를 보다

온몸 온 의식이 부처불로 깨달음을 얻은 선지식과
선지식을 따르는 불자가
영축산 사리탑 뒤 장밭들에서
천체망원경을 통해
오래 보면 눈이 먼다는 달을 보고 있다

한 우주 한 천지 한 공간을 거슬러
사백 년 만에 대 근접이라는
목성 토성 그 위성을 보고 있다

멀리서도 저리 가까워지려 애쓰는데
어제와 다른 모습 다른 생각으로
새로운 공명을 맞이하는 애기동짓날
간밤의 불면 다 잊었다
솎아내지 못한 소심증도 나 시웠다

이 광년에서 저 광년을 꿰뚫어
차마 살아서는 알지 못할 어느 영역 앞에서
한없이 작아지는 영혼
작아져서 새로 커지는 영민함을 얻었다.

부산 선암사

기단부 탑신석 상륜부가 없는
삼층석탑이 있다
호미로 캐면 뿌리째 뽑힐 작은 탑
세 개의 돌만으로 서 있는 낮은 탑

서녘 길을 가는 해도
한나절 사루다 집으로 돌아간다
온종일 귀 열어 놓고 기웃거리던 발길도
제 누울 곳을 향해 방향을 바꾼다

종일 달려도 모를 이유로
빛과 어둠이 엇갈릴 때
천년고찰 부산 선암사로 와보시라

기암에서 흘러내리는 폭포수로
약해지는 이름을 치유하고
신라 국선 화랑이 무술을 닦았다는
절벽 바위에서 완성하는 기운

울타리도 지붕도 없는 맨바닥에서
더께 낀 이끼로 버티는 고려의 정기
그 저력으로 똘똘 뭉친 옥개석
작아서 마음을 열게 하는 갓이 있다.

도자넥타이

막다른 골목도 있었으리라
더 조여보지 못한 매듭도 있었으리라

마른 입술로 좇던 꽃도 있었고
한사코 뛰어다니던 분주함도 있었으리

사력을 다해 피었다 유유히 사라져간
아버지 목청 다하시던 날

유난히 빙빙 돌던 대문 위 위성안테나
핏기 잃은 달빛도 거침없이 발을 묻었다

임종 기별에 별도 길을 멈추었는가
훠이 훠이 혼백처럼 공산만 밤을 넘었다

무뚝뚝한 벽에 못으로 걸린
신라의 미소

가훈으로 집을 지키는
넉넉한 미소다.

석양

서리 내린 동토에 얼음꽃이 피었다
앞산도 붉으락 서산도 붉으락
해도 지쳐 불덩이
벌써 하직한 봉분을 보고 있다

짧게 흔들리는 것은
표지석으로 대신한 산자의 말
그도 서리 내린 석양에 기대어
곡주 한 잔 가슴으로 마신다

집착에서 벗어날 사후를 만추처럼 씹으며
대물림은 없어야 한다고
모두 빔이 되어야 한다고 생각한다

넘어가는 석양은 내일이면 다시 뜬다
남은 자의 숙제
묘주는 죄인이다.

3부

무문관

– 양산 천성산 조계암

단청도 없는 뒤뜰 황토벽 발치에
펼친 경전 한 권 만한 작고 깜깜한 섬이 있다
섬은 뒤로 들어앉은 벽의 눈이다
묵언처럼 묵직한 저 눈 안에서
사람이 산다고 한다

모든 허물이 나만의 것 같은
눈을 통하여
한 끼 빛 공양이 들어가고
곡기 없는 발우가 붉히고 나오는
진실통 안에서
자고 누고 면벽하는 납자

쪼그리고 마주 맞추고만 있어도
내 단주 걸어 놓은 뼛속 구멍에는
보고도 안 본 듯 무채색 겸손이 생겨
섬이 남겨 둔 징표 우담바라가 핀다.

통도사 대광명전

천장 밑 나무 틈에 까만 부적 화마진언
무수히 불을 켜야 겨우 찾을 수 있다
수 해 하 강 한 글자씩 분수처럼 숨어 있다
여의주 입에 문 용머리 물을 뿜어 내는지
환란에 다 타고 이곳만은 살아남았다는데
배롱나무 열꽃도 앓다가 지고 가고
백발로 사르는 향내도 슬고 가고
차갑고 뜨거운 동선이 즐비한 불경 아래
속절없이 불을 사랑하는 법을 끌 줄 모르는 한 생도
엇그제처럼 쓰다듬으며
여분의 물을 뿌리신다.

백신

선방 섬돌 하얀 고무신
햇살 가득 담아 놓고
지나가는 사람들 놀다 가고
배롱나무 놀다 가고
꿈쩍도 안 하는 꽃다운 시절
사철 가람이 지나간다

문이 있어도 마음이 없고
마음이 있어도 홍을 깎는
한 시대 사바세계
면벽하는 묵언 스스로 자아
어머님 음성 따라간다
부처님 음성 따라간다.

업경대

잊을 만하면 살아나는 어제 일 자꾸만 생각나네
운전대를 바라보며 팔을 흔들던 새벽 남자
뜻대로 달리 방한복 올리며 액셀에 실려 가는 그 길은
시커먼 저 남자의 길 가슴만 흔들어 놓는 길

소낙비 쏟아지는 쌍라이트 행렬에서
빈 택시를 찾던 그날의 축 처진 그 여자가 저랬지
그 길은 집으로 돌아가는 짐을 들었던 길

사리탑을 지척에 두고 팔을 든 저 남자를
고칠 수 없는 속죄처럼 남겨둔 채
믿지 말라는 세상 소식과
믿으라는 설교를
도려내지 못하고 북고 소리 들으러 혼자 가는 길

줄줄이 직진하는 반사경
어차피 모르는
아무도 모르는
그러나 나는 아는 감당하기 어려운 길.

설날

목구멍이 포도청
금강산도 식후경
이라는 설 다 놔두고
나이는 먹기 싫어도 떡국은 꼭 먹자는 설

텔레비전 화면 가득 뽀얀 김 무럭무럭 나는
흰자 노른자 김 소고기 고명
깨소금 후추 톡톡 뿌려서
솥 채 밥상 옆에 놓고 떠먹던 설

젓가락 숟가락 머리 맞대고
니 떡 내 떡 누구 떡이 잘 썰렸나
엄마 아버지 남동생 여동생 후끈하게 둘러앉아

대접을 비우던 설
다시 오지 않을
그 설이 그리운 거다.

동백꽃

동백꽃 저 붉은 바람
가다 말고 들여다봅니다

긴 한숨 흘리는 저 차림새는
언젠가 좋은 날 가다 오던
그 눈매겠지요

불붙는 의미 모질게 다스리는
갈기 노랗게 물들이는 꽃

쌓였다 헐렸다 첩첩 지면
저물어서 더 서늘한 겨울 벗.

다시 온다면

물 밑 바위 밑
굽이치는 여울물처럼
땅 밑에서도 땅 위에서도
얼키설키 웅숭깊은 걸 보면

흔들고 싶은 것이지
거꾸로 서서 하늘에 쓰는 붓대처럼
다시 피는 한마디
꽃이라 쓰고 나무라 색칠하는
다 펴주고 싶은

아침저녁이 다시 오는 것처럼
다시 봄이 온다면
산병을 앓아야지
꽃말 다시 꽂고 잃어버린 언어들 세워야지.

신간

시집 한 권을 양손으로
해가 지도록 다 읽었네

그 자리 그대로 선 채로
수줍은 고백 받듯
주인공이듯

그날 밤은
새벽이 다가오도록
백야 첫눈처럼 쏟아져 내리고

행간마다 삼매 길
희붐한 밀어 묻혀가며
답장 쓰듯 행방을 다듬었다.

재난지원금

우리는 천 원
우리는 노숙자 출신
몸값은 천 원
우리는 죽으나 사나 호박

선불카드로는 살 수도 팔 수도 없는
부전시장 좌판 팻말
가다 멈추는 호객 밝아오듯

카드 끊는 기계도 없다는
생선 가게 아저씨
가격만 물었는데 고등어는 이미
까만 봉지 속으로

카드는 카드 기계루 몰려갔는가
지나가는 표정만 살피는 천 원 아니면 이천 원
통 크게 쌓이는 계산대 영수증
재난지원금으로는 좌판 할머니 도울 수 없다.

마을버스 이야기

내일 도시락 싸가 일광 가자아
열한 시 온천장 지하철역에서 만나자아
도시락 쌀 거 머 있노
내일 돈 들어오는 날인데
국수나 한 그릇 사무모 되지
살다 보이 공짜로 돈도 다 주고
참 좋은 세상인 기라

온천장에서 일광 가는 차가 있습니까
하이고마 안주꺼정 모르능 가배요
온천장에서 지하철 타고 부전역서 내리가
동해선 부전역에서 일광역 가는 거 타고 종점에서 내리모
거가 바로 일광 바닷가 아잉교

우리는 마 지하철이 공짜라 그거 타고 일광 가가
한 그릇 사 묵든지 도시락 까묵든지
바다도 보고 쫌 걸으모 운동도 되고
부전시장에서 시장 바가 집에 오서 저녁 하모
딱 맞는 기라요

시간도 잘 가고 스트레스도 풀고 뱉 거 있능교
아푸모 내만 손해지

다음 하차하실 역은 동문
동문입니다.

한파 서정

한 번도 받아본 색 없는 하늘과
습관처럼 겹쳐지던 하늘에
무게를 잃은 시내가 흐른다

하늘색을 떠받고도 물 들지 않는 새 떼와
새 떼가 까맣게 묻은 속눈썹 행간에
이별도 없이 흘러간 천공이 가득하다

자꾸자꾸 사라지는 달력이 퇴임한 어느 날
이해하지 못할 언어가 나부끼는 하늘에
파업이 그칠 거라는 메시지가 떴다

밤 9시 뉴스에 새로운 고독사가 숫자를 더했다
그가 있을 때도 고독사는 살았고
죽은 지금도 살아 있다

무리를 잃어버린 사람들
무리로 뭉친 사람들
익숙해지고 익숙해지지 못한 은어들.

봄

지천이 색색깔인 꽃동산에 들어서도 꽃인 줄 몰랐는데
손톱보다 작은 저 한 방울이 꽃인 줄 이제사 가슴에 머무네

꽃다운 시절 다 흐느적거리며 흔들리다가
흔한 바람조차 초라하게 웃고 가는 한 모퉁이에
수없이 피고 졌을 저 작은 꽃들이
눈물을 받아들이며 환하게 웃고 있네

봄이 왔음이야 봄임을 이제사 아는 것임이지
클 때는 안 보이던 봄이 이제사 따뜻하게 보이는
땅에 가까이 왔음이네

땅에 가까울수록
아주 작은 사람이 인사하고 편지 쓰는 손
어디서나 편하게 땅이 되는 정갈한 손

땅의 마음으로 봄을 본다
봄으로 가고 싶다.

엿보기

무덤덤한 것에 렌즈를 펼쳐 들고
돌아보세요 하고 말을 걸었더니
신기하게도 새는 서운암 공작새는
주름투성이 발가락을 콕콕 찍으며
꽁지를 돌리기 시작했다 물소리가 들렸다

오월의 향기가 쏟아지는 햇살
이팝나무 아래 붓꽃 작약 마가렛
연못 속 자라도 햇살과 그늘을 휘휘 저으며
육십 숫자 청춘을 홀쭉하게 녹였다

풀물을 넘어가는 바람의 날개 끝에 구름이 와 닿았다
흩어지는 휘파람을 쓸어안으면
가는 줄도 모르고 놓친 시선에도
겨우 알아차린 냉기의 계절이 살그머니 돌아서려나

연둣빛 사리를 삼켰는지
나긋나긋 부풀기를 쏟아내는 연한 꽃말들
색색깔 이름이 헤엄치는 천연 물질에서는
한 벌 뿐인 내 마음의 한지장에도 감물이 든다.

물소리연록차

지리산 달빛으로 빚은 달빛차도 좋고
제주도 바람으로 빚은 오설록차도 좋지만
내사 내 눈으로 쓰다듬고
내 손으로 따고
내 쪽 차인이
십일증십일포로 덖고 말리고 우린
물소리녹차 향과 색과 맛이 오래오래 남더라

어머니 젖 맛 같이 쫀득쫀득하고
어머니 일생 같은 짜도 짜도 포르스름한
종내에는 밥 한 그릇 고명으로
태곳적 어머니를 닮아가는
내가 찻빛이 되는 밭
기장 백동리 물소리농원 녹차밭

양동이로 날라 물 뿌리는
차주가 큰 소리로 반기고 문고리를 내어준
동백 산 동백 숲 동백 터널 동백 그늘에
나무 탁자 나무 의자 모자라게 가득한
우리 땀 우리 수다 우리 휴식을 풀바다로 녹이는
우리 차 장이 잘 흡수하고 잘 소화 시키는
물소리연록차가 나는 더 좋더라.

우럭을 말리며

생선을 말리는 일은 어머님 일인 줄 알았네
바다를 털어내지 못한 아가미에 철사를 거는 일은
날마다 날렵한 내 발성 기관을 봉인 하는 일

마지막 칸을 메우듯 해체된 속을 걷다 보면
식탁마다 길어 올리던 바다가 보이고
철없는 자식을 거두시던 모정이 보인다

아직 축축한 우럭을 널며
덜 마른 내 근육으로 질척이노라면
파랑 신호등으로 바다 향 풍기던
어머님 생시가 돌아보신다.

억새 향연

있는 듯 없는 듯
오지 않는 날들을 홀로 삼키며
흐드러진 억새에 지금을 잊는다

수많은 사연만큼이나
흩어지고 모여오는 회상에 젖으면
일행은 말 없어도 좋으리

십 년 전 그날도 그랬고
오 년 전 그날도 훈풍으로 남은
다시 올 기약 없는 한라산 중턱

노래 가사만큼이나 환한
유리창으로 하얗게 해 떨어지는 눈부신 시간
혼자라도 아깝지 않은 눈물 너머를 본다.

4부

모두가 꽃이다

밖에는 꽃이 내린다
접시꽃 쪽꽃
가지마다 수북한 이팝나무꽃

햇살 가득한 유리창 안에서 보는 바깥 풍경은
그늘이거나 아지랑이이거나
그와 함께 한 그때의 꿈

바람처럼 피고
바람처럼 지는
꽃 마음 다 헤아릴 수는 없지만

하늘 향해 촛불 켜는 잘 배인 말씀은
바람을 믿는 꽃송이처럼
모두가 꽃이다.

새로 시작하는 마음으로

취임사를 멋지게 잘 생각해 놨는데
통도사에서 기차 타고 오는 동안 싹 다 까먹었다고

지나간 건 다 잊고 새로 시작하는 마음으로
해야 한다고

종정 추대 법회 날 꽃비 대신 단비가 간간이 내리는데
저만치 대통령 정당대표 국회의원 장 장 장들

없는 자리 마련해 준 영축문학회 회장님 덕이라면서
이름 석 자 또렷하게 붙어 있는 좌석 만져 보고 배정표 사진 찍고

세상 이치 넘쳐 오는 꽃등 인파등 경사 밝혀 오는
조계사 마당에서도 뒷골목에서도 새 물결인 듯

서울역 해물순두부 그새 다 소화되었는지
마음이 부풀어가는 벅찬 몸이 비어가는 즐거움

하나로 이어지는 골목에서 마당까지 차도 멀리까지
비 개고 하늘은 푸르렀나니 보이는 모두 새로웠나니.

순천 선암사에서

하늘이 주는 대로
다 받는 땅
범람하도록
포말을 쏟아내는 계곡

발가벗은 백일홍도
꽃길을 걷겠고
몰래 내다 보는 생가슴에도
꽃물 흥건하겠다

봄비 호젓한 순천 선암사는
코로나19가 비껴가는 곳
나무도 객도 모두
회춘하는 중.

새알을 비비며

새알 비비러 오라기에 가서
얼마나 웃고 떠들고
새로 받은 반죽
새알 쟁반 넘겨주기를 한나절

수제비 끓여 먹읍시다
새알이 동동 뽀얀 국물이 시린 손발 포릇 포릇 녹이는데
거짓말 같은 미역이 미끌미끌 넘어가고
델 것 같은 새알이 찐득찐득 거짓말을 붙잡는다

멸치다시 안 했는데 거 와 들어가 있노
코끝을 씰룩거리며 거짓말 같은 거짓말로
공양주 보살님 붙은 멸치를 후딱 집어내는데
맛있게 해 먹자던 너도 공범
그러자던 지도 공범

그래 그런 척 그들도 함박웃음은 진짜 같아서
웃음 찰칵 사랑해 찰칵 찰칵찰칵 사진 담아
안거 중인 주지 스님께 전송하였겠다

안 봐도 다 안다는 대종사님은
그 먼 오대산 북대 미륵암 골짜기에서도
다 보셨을까
공범하셨을까.

괜찮아

물살 아슴아슴 풀뿌리 적시는
천변 왜가리 외다리로 서 있다
갈 때 서 있더니
돌아올 때도 그 자리 발을 담근 채

쉼 없이 흔들리면서
깃들지 못하고 갇힌 적 있었지
돌아보면 흔한 이야기
비밀도 아닌 비밀을 비밀처럼 간직한 채

내 덕 내 탓일 수도 있는 막말
고개 한 번 끄덕여 주고 말듯
쉴 새 없이 물살이 물살을 되짚어가듯
바늘구멍 가슴도 뭉치면 강물보다 크다

뿔뿔이 와서
무리 지어 빠져나간 친절했던 사람들
어색한 재회에 새삼스러울 것도 없이
빈자리 권하고 밥을 먹고

가버린 그날이 물었다
정말 괜찮은 거냐고
순천 선암사에는 엉거주춤 비가 개고 있었다.

사사자삼층석탑

7년을 기다린 구례 화엄사 사사자삼층석탑
새로 단장하고 모습을 드러낸
네 마리 사사자와 석등이 마주 보고 합장하고 있다

햇살이 쏟아져 내리는 하늘 아래
사자마다 입 벌린 모양이 다 다른 표정이나
마주 보고 무릎 꿇은 석등 안이나
탑을 돌며 손바닥으로 바치는 수만 가지 마음이나

최대한 비탈을 자제하는 길섶에
사무친 마음마저 없다면 아름다움은
얼마나 삭막하리

탑 같은 마음이다
머리 숙여 합장으로 공양드리는
저 아래 사람도 빛나 보이는 날.

3월

삼월은 함성이다
감옥에서나 땅속에서나
태극기 높이 높이 흔들던
삼월은 책가방 처음 등에 지던 날이다
어머니 아버지 한글 익힐수록 등짐 무거운
삼월은 설렘이다
꽃망울 터지듯 이월을 넘어
또다시 새로운 기대 걸어보는
느리면 느린 만큼 쫓아가야 하는
저울질
젊은 심장이여 청춘이여
손바닥에 올려놓은 젊은 희망이여.

유리창

유리창을 닦다가
초록이 무성한 나무를 닦는다

나무들 너머로
몇 번이나 흘려보낸 허공도 닦는다

천만번 닦아도 지워지지 않는 말은 한복판
한복판 위는 하늘

하늘에서 보면 나는 한 점이지
나를 비추는 빛도 한 점
빛처럼 큰 소리로 일하던 그도 한 점

닦다가 한 점이 된 나를 본다
한 점이 된 그를 본다

그가 있는 세상
보고 싶다.

비처럼 가고 싶다

새벽부터 자근자근 내리는
비를 보고 있다

나무와 나무 사이
층층 흙이 되고 뿌리가 되는
비의 뼈들

나도 누군가의 심장을 울리는
비가 되고 싶다

회색빛 언저리의 한숨 같은 뼈가 아닌
칠월의 땀방울도 한 방울 단물로 스미는
비

흰 몸으로 뭉쳐 한 곳으로 가는
중심이 되고 싶다.

꽃공양

앞차가 버린 담배꽁초가
유리창 앞에서 튕겨 나간다

튕겨 사라진 불꽃이
저 비명뿐이리

꽃시장에 와서
팔려 갈 꽃들을 본다

팔려 가지 못한 생선처럼
어디라도 꽂혀야 역할이 되는 생

가위로 뾰족뾰족 밑을 잘라
향을 꽂듯 꽂는다

한없이 환희로운 영생의 마음
한없이 송구하여라 참회하는 마음.

목련

그늘이 하얗게 꽃이 졌다
며칠 바람 불고 비 내리더니
소복보다 짙은 투신으로
목련 졌다
순장처럼 한 곳에 묻힌 곡도 저랬을까
붉은 피도 기가 막혀
흰 피로 낙하한 사월의 하늘 하나 둘
눈 뜨고 진 목소리
어디선가 들린다.

이어령 박사를 애도하며

어머니
그 옛날 제가 출가하기 전
어머니가 독백하듯 중얼거리듯 반복하던
이어령 박사가 오늘 영면에 들었습니다
우장춘 박사, 양주동 박사, 장기려 박사, 이어령 박사, 김우종 또
그때 저는 그분들이 어떤 사람인지 알지 못했습니다

서면에서 신접살림 후 동래 쪽으로 옮겨와 살면서
동래 온천동 우장춘기념관에서 어머니 말씀을 상기했으며
정영자 교수님 따라 초량 이바구길 탐방 시 만난
장기려기념관에서 다시 또 어머니 얼굴을 떠올렸습니다

그러다 오늘 이어령 박사 타계 소식을 들었습니다
어머니의 지성적 친구였던 한 분 한 분 아까운 분들이
마지막 배려조차 거부한 채 자연으로 가셨습니다

흑사병 페스트를 필두로 A4 용지에 크게 써서
어머니께 알려 드린 코로나19 창궐 소식을
어떻게 받아들이시는지 어떤 결론에 동화하시는지
이제 어머니께서는 거의 말씀을 닫으신 체

침상에만 누워 계십니다
신문을 보여 드려도 놓으면 곧 잊으시겠지요

이 시대 최고의 지성이라 불리는 이어령 박사
그분의 영면을 기원하는 애도 행렬에
다 헤아릴 수 없는 어머니의 심정으로
분향합니다 어머니.

2017 나는 너를

나이에 맞는 목소리가 좋다
당시에는 몰랐던
이십 대 목소리 물방울 소리처럼 아련해도
한 울타리 내어 준 나이가 되고 보니
남은 귀까지 열려
갈라지는 숨결까지 들려오는
목소리가 좋다
일찍 가버린 가수 장현의 '나는 너를'
받아서 부른 갑장 서유석
남은 자의 마지막은 변하지 않는다
변하지 않는 공간은 영원해서 더 그립다.

코로나19 안부

실외 마스크 해제
거리두기 해제가 발표됐다

언제는 어깨가 아파서 입원
언제는 위가 안 좋아서 입원
수시로 아프다고 골골 대던 그녀는
혼자만 살아남아 이러고 있다고 했다
인간관계가 안 좋기도 하고 책상에만 붙어 있으니
안 걸린 듯하다고 했다

나는 잘 피해 다닌 가족에게 감사하다고 절을 했다고 했다
한번 보자고 하는 걸
더 조용해지면 두 번 보자고 했다
조크네요라며 큭큭 웃었다

실내에서는 써야 한다고 권고했지만
거리에는 계속 쓰고 다니는 사람들이 많았다
태어날 때부터 마스크를 쓴 부모를 본 아기는
외출 때 마스크를 찾았고
외출에서 벗은 얼굴을 보면 울었다
날은 갈수록 따뜻해졌고 습관은 무서웠다.

아이의 눈물

어제는
군복을 입은 대통령 부인이 조준하고 있더니
오늘은
알몸 소녀가
양팔을 흔들며 뛰어오고 있다
방한복을 입은 소년이
허리까지 오는 배낭을 끌며 울고 가고 있다

반공 표어를 짓고 반공 포스터를 그리던
조국은 아직도 분단인데
그 손으로 길러낸 소년 소녀는
아버지 어머니가 되어
미사일 발사 과정을 보고 있는데

다시는 그 눈동자 그득히
매운 눈물 흘리지 말기를
다시는 그 손으로
죽여야만 사는 고통에 병들지 말기를
호국영령이라 불리지 말기를 다시는

잉크 냄새 대신
화약 냄새 뿌연 조간으로
피 맺힌 이국을 맞는 아침
우크라이나 어린이는 오늘도
처음 보는 탱크를 몸으로 막고 있다
마을의 다리를 부수고 있다.

나잇값

한 손엔 처방전
한 손은 서로 꼭 잡은 할머니 손 할아버지 손
중절모 모직 코트 굽 낮은 단화

딱히 바쁜 것도 없는 종종걸음을
더듬더듬 비켜주는 저 더딤과 느림
마스크로 가린 얼굴이 달아올라
조각조각 등이 화끈하다

백년해로는 아무나 하나
다름을 아는 분별은 아무나 갖나
흰머리와 주름과 침묵이 주는 깨우침
잘 살아라 잠시다

두터워만 가는 약봉지
역류하는 쓴 내
잘해야 하는 이유 나잇값이다.

봄

초판1쇄 발행 2022년 6월 10일

지은이 김선아
펴낸이 이길안
펴낸곳 세종출판사

주소 부산광역시 중구 흑교로 71번길 12 (보수동2가)
전화 463－5898, 253－2213~5
팩스 248－4880
전자우편 sjpl5898@daum.net
출판등록 제02-01-96

ISBN 979-11-5979-514-5 03810

정가 10,000원